AF279029

27
L n. 20224.

Conserver la Couverture

CHAMBRE DES PAIRS

ÉLOGE

DE M. LE COMTE VER HUELL

VICE-AMIRAL, PAIR DE FRANCE

PRONONCÉ

PAR M. LE COMTE PELET, DE LA LOZÈRE

LE 13 FÉVRIER 1846

PARIS

DE L'IMPRIMERIE DE CRAPELET

RUE DE VAUGIRARD, 9

1846

ÉLOGE

DE M. LE COMTE VER HUELL,

VICE-AMIRAL, PAIR DE FRANCE,

PRONONCÉ

PAR M. LE COMTE PELET, DE LA LOZÈRE

LE 13 FÉVRIER 1846.

BIBLIOTHÈQUE ROYALE

Messieurs,

C'est l'honneur de cette Chambre d'avoir été composée, à son origine, des hommes qui se sont fait un nom par leurs talents ou leurs services, sous les divers gouvernements qui nous ont régis, et non-seulement de ceux qui étaient nés en France, mais des étrangers illustres qui, par la réunion de leur pays au territoire de l'Empire, étaient devenus Français. Parmi ces derniers fut l'homme excellent dont je viens vous entretenir. Il était, au milieu de nous, un monument de nos temps de gloire et de conquête, une preuve du discernement avec lequel Napoléon choisissait, dans les pays conquis, ceux qui devaient en être, auprès de lui, les représentants.

L'amiral Ver Huell (Charles-Henry) naquit le 11 février 1764, à Dœtichem, dans la Gueldre, l'une de ces provinces unies des Pays-Bas qui soutinrent, dans le xvie siècle, une lutte glorieuse contre Philippe II, et secouèrent le joug espagnol. Son père, allié aux principales familles de la République, était bourguemestre de Dœtichem, magistrature importante sous un régime où le pouvoir municipal jouait un grand rôle, et rivalisait souvent avec le gouvernement politique. Le jeune Ver Huell montra, de bonne heure, un goût décidé pour la marine, dans laquelle servait déjà son frère aîné. Tout invitait les jeunes Hollandais à embrasser cette belle profession, et les souvenirs de la gloire acquise sur mer par leurs aïeux, et la vue des mille vaisseaux qui, par les rivières et les canaux, pénétraient dans l'intérieur de la Hollande. Mais le père de Ver Huell avait résolu qu'il servirait dans l'armée de terre, et, magistrat aussi absolu dans sa famille que dans sa ville, il résista aux prières de son fils, et le fit entrer, à l'âge de onze ans, en qualité de cadet, dans un régiment d'infanterie. Rarement on réussit à étouffer la vocation, bien prononcée, d'un jeune homme. Ver Huell languit dans la carrière où on l'avait jeté malgré lui. Il ne put s'accoutumer à la vie monotone des garnisons. Sa santé s'altéra, et son père consentit enfin à ce qu'il entrât dans la marine où son goût l'appelait. Il y fut admis, à quinze ans, comme aspirant, et embarqué sur la frégate l'*Argo*.

Les circonstances lui fournirent bientôt l'occasion de montrer que sa vocation était réelle, et qu'il était doué du courage et du sang-froid qu'exige la périlleuse profession du marin.

C'était le temps de la guerre d'Amérique, la France et l'Espagne avaient pris parti contre l'Angleterre, en faveur de ses colonies insurgées; mais la Hollande hésitait encore. Elle espérait pouvoir conserver sa neutralité. Les vexations auxquelles son commerce fut en butte, de la part de la marine anglaise, ne le lui permirent pas, elles excitèrent fréquemment les plaintes des Hollandais, et ceux-ci subirent enfin un outrage qui mit le comble à leur indignation, et les entraîna dans la lutte.

Le comte de Byland était sorti des ports de la Hollande pour escorter un convoi de bâtiments marchands, destinés pour la France et l'Espagne. La frégate l'*Argo*, sur laquelle servait l'aspirant Ver Huell, faisait partie de cette escadre. Elle fut rencontrée par le commodore anglais Fielding, ayant sous son commandement des forces supérieures. Celui-ci demanda à visiter les bâtiments hollandais pour vérifier s'ils ne portaient pas des approvisionnements de guerre destinés pour l'ennemi. Le comte de Byland s'y refusa, assurant qu'il ne s'y trouvait rien de semblable, et soutenant que, d'après tous les principes du droit maritime, sa déclaration devait suffire; que jamais les bâtiments neutres, escortés par des vaisseaux de guerre de leur nation, n'avaient été visités. Le commodore anglais ayant insisté, un combat s'ensuivit, dont le résultat fut l'enlèvement d'un certain nombre de bâtiments marchands hollandais, qui furent conduits en Angleterre; mais la résistance énergique du comte de Byland maintint l'honneur du pavillon de son pays, et montra que la Hollande ne laisserait pas violer, sans les défendre, les principes du droit des gens; le Gouvernement hollandais approuva pleinement sa conduite, et distribua des récompenses aux officiers qui s'étaient distingués dans ce combat. Le jeune Ver Huell, dont on avait remarqué le courage précoce, fut fait sous-lieutenant.

La guerre, déclarée aussitôt après, donna lieu à une affaire plus sérieuse. Le contre-amiral Zoutman, sorti du Texel avec six vaisseaux de ligne et deux frégates, dont l'une était l'*Argo*, pour escorter un convoi de bâtiments marchands destinés pour la Baltique, rencontra, le 5 août 1781, dans les parages de Doggers-Banck, une escadre anglaise de même force, commandée par l'amiral Hyde Parker. On se prépara aussitôt au combat; une position importante ayant été assignée par l'amiral Zoutman à la frégate l'*Argo*, celle-ci fut assaillie par plusieurs bâtiments anglais qui s'efforcèrent de rompre, en cet endroit, la ligne de bataille des Hollandais. Elle eut bientôt son pont couvert de morts et de blessés. Le capitaine de la frégate, et le sous-lieutenant Ver Huell restaient presque seuls debout, pour donner des ordres. Ver Huell eut la figure brûlée par l'explosion d'un magasin de gargousses; chargé, néanmoins, du commandement, dans un moment où le capitaine fut obligé de s'éloigner, il s'en acquitta avec autant de bonheur que de courage, et la frégate, criblée de boulets et désemparée, garda son rang jusqu'à ce qu'on vînt la relever. Les Anglais, après quatre heures de combat , furent obligés de se retirer. Les deux escadres se séparèrent sans avoir pu s'entamer l'une l'autre, et rentrèrent dans leurs ports pour se réparer. Mais leurs mâts brisés, leurs voiles déchirées , et le grand nombre de leurs morts et de leurs blessés, attestaient la lutte terrible qu'elles avaient soutenue, et les firent recevoir avec honneur. Le Gouvernement hollandais, satisfait du courage de ses marins, leur accorda des éloges et des récompenses. Le jeune Ver Huell fut fait lieutenant; on ne fit pas en Angleterre un moindre accueil à l'amiral Hyde Parker et à ses équipages. Mais le vieil amiral, inconsolable de n'avoir pas vaincu , refusa les éloges qu'on lui donnait , et se retira du service, quelque effort qu'on fît pour le retenir. Il ne se pardonnait pas de n'avoir pas détruit l'escadre hollandaise, et s'en prenait tantôt à son âge, tantôt à la vétusté et au mauvais état de ses vaisseaux. « L'Angleterre, disait-il , avait besoin, pour vaincre ses ennemis, d'amiraux plus jeunes et de vaisseaux moins vieux. »

Le combat naval de Doggers-Banck , l'un des plus sanglants livrés dans la guerre d'Amérique, fut le dernier éclat jeté par la marine hollandaise. Une nation qui ne possède pas une flotte de rechange peut se trouver dans l'impuissance, même après un succès, de continuer la guerre, parce que la victoire, toujours achetée par des pertes, ou par de graves avaries, met, pour un temps, hors d'état de servir la flotte qui l'a remportée. Il fallut réparer celle de l'amiral Zoutman , qui ne pouvait plus tenir la mer, et pendant ce temps la paix de 1783 et 1784 mit fin à la guerre maritime.

Rarement la paix offre aux hommes, engagés dans la carrière des armes, l'occasion de faire preuve de courage et de détermination. Cette bonne fortune fut accordée à Ver Huell. L'escadre hollandaise, mouillée en 1785 dans le Zuyderzée, fut en proie à une insurrection. L'équipage d'un des bâtiments mit aux fers ses officiers, et se rendit maître du vaisseau. Faire rentrer les rebelles dans l'obéissance, sans exposer le bâtiment, n'était pas chose facile. Ver Huell s'en chargea. Il s'embarqua, à l'entrée de la nuit, dans une chaloupe, avec un détachement de marins, arriva au vaisseau, monta sur le pont, terrassa les premiers qui voulurent lui résister, leur imposa à tous par cette audace, et, sans répandre une goutte de sang, sans exposer le vaisseau à aucun danger, réprima un exemple dangereux de révolte. Un pareil trait de courage et de dévouement ne pouvait manquer de fixer l'attention du Gouvernement sur le lieutenant Ver Huell. On l'employa dans toutes les occasions où des vaisseaux furent armés pour la protection du commerce ou le service des colonies. Il navigua dans la Méditerranée, sur la côte d'Afrique et dans la mer des Antilles, et la profonde connaissance qu'il montra de sa profession le fit arriver promptement aux grades de capitaine de frégate et de capitaine de vaisseau.

Mais les troubles qui survinrent en Hollande en 1787, et qui amenèrent l'intervention prussienne, l'invasion des Français en 1792, suivie d'un changement de Gouvernement, furent peu favorables à l'avancement des marins. Le nouveau Gouvernement de la République batave éloigna les hommes qui avaient servi le Stathouder. Ver Huell fut mis à l'écart. Marié depuis quelques années, il se retira à la campagne avec sa femme et ses enfants, et y vécut dans la retraite, loin de l'agitation des villes et des intrigues des partis, situation la plus digne pour tout homme public que les événements ont jeté hors des affaires.

Cette retraite devait avoir un terme. Il vient un moment, dans les révolutions, où les hommes de mérite qui ont été écartés sont rappelés, parce qu'on a besoin de leurs services. La révolution du 18 brumaire eut son contre-coup en Hollande. On y rechercha, comme en France, les officiers qui s'étaient fait une réputation honorable, et que leur expérience rendait propres à servir le pays. Le capitaine Ver Huell fut fait contre-amiral, et employé en 1803 dans une mission importante.

L'homme extraordinaire qui, sous le titre de Premier Consul, s'était mis à la tête du Gouvernement de la France, ayant formé dans ce temps un projet pour lequel il réclamait le concours de la Hollande, Ver Huell fut chargé d'aller s'en entendre avec lui.

Ce projet était celui d'une descente en Angleterre. Napoléon, après la rupture de la paix d'Amiens, ne pouvant plus combattre l'Angleterre sur le continent, en attaquant ses alliés avec lesquels il était en paix, n'eut d'autre moyen de l'atteindre que sur l'Océan ou sur son territoire.

L'attaquer sur l'Océan offrait peu de chances de succès, à cause de la supériorité numérique de sa marine. Il résolut, nouveau Mithridate, de suivre le conseil d'Annibal, en allant chercher son ennemi chez lui et le forçant « de trembler, à son tour, pour ses propres foyers (1). » Des ordres furent donnés partout pour construire des chaloupes canonnières et des bateaux plats qui devaient porter cent mille hommes en Angleterre. On vit des chantiers de construction établis dans tous les ports de la Manche, le long des rivières qui y ont leurs embouchures, et jusque sur les quais de Paris. Un nombre immense de troupes se dirigea vers Boulogne et les ports environnants, et on put croire que les expéditions de César ou de Guillaume de Normandie, en Angleterre, allaient se renouveler.

Mais Napoléon n'entendait pas faire seul les frais de cette grande entreprise ; il voulait que la Hollande, son alliée, y concourût. Ce fut pour en conférer avec lui que l'amiral Ver Huell fut envoyé à Paris.

Arrivé dans la capitale de la France, l'Amiral fut introduit auprès de Napoléon, et le vit pour la première fois. C'était l'époque la plus glorieuse de la vie de Napoléon. Vainqueur des discordes civiles, couronné des lauriers des Pyramides et de Marengo, législateur non moins habile que grand capitaine, arrivé, par son génie et par la victoire,

---

(1) Racine.

du rang de simple officier dans l'armée, au gouvernement d'un grand empire, il se montrait au niveau de cette haute fortune, et semblait déjà aussi solidement établi au pouvoir que les plus anciens souverains. Quoi d'étonnant s'il exerça un grand prestige sur l'Amiral, un prestige que rien, depuis, n'a pu effacer? L'Amiral plut, de son côté, à Napoléon, par son langage franc et ouvert, et par sa belle et noble figure qui, jointe à une stature imposante, en faisait un des plus beaux hommes de guerre de son temps; et ainsi se forma, entre eux, un sentiment de confiance mutuelle dont Napoléon devait donner, plus tard, un éclatant témoignage au temps le plus malheureux de sa vie.

Le Premier Consul, dans la conversation qu'il eut avec l'Amiral, lui développa tout le plan de son expédition en Angleterre. Il devait réunir, dans les ports de la Manche, deux mille chaloupes canonnières, y embarquer cent mille hommes et dix mille chevaux, et profiter, pour opérer son passage, soit d'une brume épaisse qui déroberait sa marche aux croisières ennemies, soit de l'arrivée subite des flottes de Brest et de Toulon qui les occuperaient ailleurs. «La France était assez puissante, disait-il, pour exécuter seule cette entreprise, mais il s'agissait de conquérir la liberté des mers, et la Hollande était trop intéressée à un pareil projet pour ne pas y concourir. En vain elle se flatterait de rester neutre. L'expérience lui avait appris que l'Angleterre, en pareil cas, ne respectait pas sa neutralité, et la France, elle-même, ne

pourrait souffrir qu'un État si voisin de sa frontière, qui touchait à ses places fortes les plus im-
portantes, restât ouvert aux débarquements de
l'ennemi; c'était le motif qui faisait continuer
l'occupation de son territoire par les troupes françaises. Mieux valait pour la Hollande sortir de
cette situation équivoque, et seconder franche-
ment une entreprise qui pouvait seule lui rendre
son indépendance, et lui faire reconquérir ses
colonies. »

L'Amiral, dont la vie militaire avait été toute
consacrée à combattre pour la liberté des mers,
ne pouvait qu'être disposé à accueillir les propo-
sitions du Premier Consul. Mais il y était, de plus,
autorisé par ses instructions : le Gouvernement de
la République batave avait senti que le triomphe
de l'Angleterre, dans sa lutte contre la France,
serait celui du Stathouder, et qu'une contre-ré-
volution, en Hollande, le suivrait de près ; sa con-
servation dépendait du succès du Premier Consul.
Il avait donc autorisé l'Amiral à accorder le concours qu'on pensait devoir lui être demandé ; mais
quelle serait la limite de ce concours, et combien
de bâtiments la Hollande fournirait-elle pour l'expédition projetée ? ce fut ce qui resta à régler.

Ce n'était plus le temps où les Provinces-Unies
avaient des flottes de cent vaisseaux de guerre qui,
sous leurs amiraux Tromp et Ruyter, poursui-
vaient les Anglais jusque dans la Tamise, et allaient brûler leurs vaisseaux à quatre lieues de
Londres : les Hollandais, affaiblis par leurs divi-
sions, amollis par les richesses, avaient négligé

leur marine, tandis que les Anglais augmentaient la leur. Ils ne comptaient plus au rang des premières Puissances maritimes. Leurs stathouders s'étaient occupés de préférence d'augmenter l'armée de terre, plus utile à leur prérogative; cinq ou six vaisseaux de ligne, et quelques frégates, étaient tout ce qui leur restait des flottes qui les avaient rendus autrefois si redoutables sur l'Océan.

Il fut convenu que la république batave mettrait le petit nombre de bâtiments de guerre qu'elle possédait en état de servir, et de porter un corps de troupes hollandaises en Angleterre, et qu'elle fournirait, de plus, trois cent cinquante chaloupes canonnières qui joindraient la flottille de Boulogne, et recevraient une division de troupes françaises à leur bord.

L'Amiral, de retour en Hollande, fut chargé, suivant le désir de Napoléon, de présider à la construction et à l'armement de la flottille batave, de la réunir dans les eaux de l'Escaut, devant Flessingue, et d'en prendre le commandement. Près d'une année fut employée à la construire ou à l'armer. L'Amiral reçut l'ordre, quand elle fut prête, de la conduire à Ostende où elle devait faire partie de l'aile droite, sous les ordres du contre-amiral Magon, et recevoir, à son bord, le corps du maréchal Davoust, campé dans les environs.

Le 21 ventôse an 12 (12 mars 1804), l'Amiral fit voile de Flessingue, avec une première division de sa flottille, et se trouva bientôt en présence de deux frégates anglaises qui l'attendaient à l'embouchure de l'Escaut. Une vive canonnade s'engagea entre les frégates et les chaloupes dont chacune était armée de plusieurs pièces de 24. On vit, pour la première fois, ces frêles embarcations lutter contre des bâtiments de guerre qui semblaient devoir les écraser. Mais les chaloupes, grâce à leur faible tirant d'eau, qui leur permettait de se tenir plus près de terre, et de naviguer là où les frégates n'auraient pas trouvé une profondeur d'eau suffisante, grâce aussi à leurs canons de gros calibre qui tenaient les bâtiments ennemis à distance, forcèrent le passage, et, toujours suivies par les Anglais, toujours échangeant avec eux des coups de canon, arrivèrent le soir dans le port d'Ostende, dont l'ennemi tenta en vain de leur fermer l'entrée.

Après ce premier succès, l'Amiral retourna, par terre, à Flessingue, pour aller chercher le restant de la flottille, et le conduire aussi à sa destination. Il lui fallut forcer de nouveau le passage, et le danger fut, cette fois, plus grand. Au moment où il allait sortir du fleuve, le vent ayant tout à coup changé, il fut contraint de virer de bord. L'ennemi, profitant de ce mouvement, se jeta sur l'arrière-garde, enleva un bateau-convoi, et allait jeter le désordre dans le reste; mais l'Amiral, se retournant aussitôt, et donnant ordre à toute la division de le suivre, dégagea son arrière-garde, et soutint, contre les Anglais, un combat de deux heures qui les contraignit de s'éloigner. Le vent étant redevenu favorable, il reprit sa route. « Il montra dans cette occasion, suivant le rapport du contre-ami-

ral Magon, l'audace et le sang-froid qui le distin-
guaient. »

Mais de nouveaux dangers l'attendaient à l'entrée d'Ostende. Il trouva là le commodore Sidney-
Smith, qu'on rencontrait partout où il fallait
combattre les projets de la France. Sidney-Smith
avait plusieurs vaisseaux ou frégates portant ensemble 400 pièces de canon. Les chaloupes de l'A-
miral n'en portaient pas plus de 100. Le feu qui
s'engagea entre ces forces inégales fut terrible; une
des chaloupes, plus maltraitée que les autres,
s'échoua à la côte, et les ennemis allaient s'en em-
parer, quand l'Amiral, se jetant dans un canot, va
droit à la chaloupe, à travers une grêle de boulets
et de mitraille, lui fait reprendre son feu, et em-
pêche qu'elle ne tombe aux mains de l'ennemi.
Celui-ci, après sept heures de combat, est contraint de se retirer et de laisser un libre passage à
la flottille. La perte des Hollandais fut de 18 hommes tués et de 60 blessés. Celle des Anglais ne dut
pas être moindre, à en juger par les graves avaries
qu'essuyèrent leurs vaisseaux, dont plusieurs furent démâtés.

Ces succès de la flottille batave contre des forces
si supérieures parurent d'un bon augure pour l'expédition qui se préparait, et le contre-amiral Ver
Huell en acquit une juste réputation de courage et
d'habileté. Son Gouvernement, pour lui témoigner
sa satisfaction, l'éleva au grade de vice-amiral.
Persuadé, même, que lui seul pouvait relever la
marine Hollandaise, et diriger l'ensemble des opérations qui se préparaient, il le nomma au dépar-

tement de la marine. Mais l'Amiral demanda qu'il lui fût permis de garder son commandement jusqu'à ce que l'expédition projetée fût accomplie, et on ne put lui refuser de rester au poste du péril, que son courage préférait.

Napoléon, pour présider de plus près aux préparatifs de cette grande expédition, se rendit, vers ce temps, à Boulogne. Il voulait aussi faire à l'armée la première distribution des décorations de la Légion-d'honneur qu'il venait d'instituer. La conduite de l'amiral Ver Huell avait justement fixé son attention, et justifié ce qu'il attendait de lui; il avait remarqué le succès de ses divers combats dans le trajet de Flessingue à Ostende, et son refus d'aller occuper en Hollande un poste plus sûr et plus élevé. Tant de courage et de dévouement ne pouvaient rester inaperçus. Il le manda à Boulogne, et, après lui avoir fait l'accueil le plus distingué, lui donna, de sa main, dans la distribution solennelle des croix de la Légion-d'honneur, *la croix d'officier*, récompense, alors, des plus grands services, et des grades les plus élevés.

L'Amiral était avec la flottille batave à Ostende, attendant le moment d'embarquer les troupes et de faire voile pour l'Angleterre, quand, pour opérer une plus grande concentration des troupes et des embarcations, qui parut nécessaire au succès de la descente, Napoléon lui envoya l'ordre de conduire ses chaloupes à Ambleteuse, petit port plus rapproché de Boulogne, qui avait été disposé pour le recevoir.

Il arriva sans trop de difficultés à Dunkerque;

mais les vents contraires l'y retinrent deux mois, et ce ne fut que le 28 messidor an 13 (17 juillet 1805) qu'il put mettre à la voile. Il entra, le soir du même jour, dans le port de Calais, malgré plusieurs attaques de la croisière anglaise, et se prépara à en partir le lendemain pour la partie la plus difficile de son trajet. Il savait qu'une escadre de quarante-cinq bâtiments de guerre, dont deux vaisseaux de ligne et quatre frégates, l'attendait pour lui disputer le passage dans des parties de la côte où il ne serait protégé ni par les batteries de terre ni par les basses eaux.

Au moment où il allait partir, le Maréchal Davoust arriva à Calais et demanda à l'accompagner avec ses aides de camp. L'Amiral lui représenta le danger auquel il allait inutilement s'exposer, et les reproches que ne manquerait pas de faire l'Empereur si un malheur lui arrivait. Le Maréchal insista, voulant voir de près, disait-il, comment se comportaient, en présence des grands vaisseaux anglais, les chaloupes qui devaient le conduire en Angleterre. L'Amiral dut consentir à ce qu'il demandait.

Mais les pilotes de Calais, moins résolus, firent difficulté de s'embarquer pour diriger la flottille dans une entreprise qu'ils regardaient comme impraticable. Les chaloupes seraient inévitablement détruites, disaient-ils, par les vaisseaux anglais, que rien n'empêcherait d'en approcher. L'Amiral, à qui il répugnait d'employer la force, insista longtemps sans pouvoir les persuader, jusqu'à ce qu'enfin leur doyen, vieillard de soixante-dix ans, touché des appels faits à son courage et à son patriotisme, déclara qu'il était prêt à le suivre partout, et l'Amiral, charmé du succès de ses efforts, tira aussitôt sa montre, dont il lui fit présent. Les deux fils du vieillard, pilotes comme lui, déclarèrent qu'ils n'abandonneraient pas leur père, et le reste suivit l'honorable exemple qui lui était donné.

On mit à la voile à deux heures après midi; c'était le 18 juillet. La chaloupe de l'Amiral, portant aussi le maréchal Davoust, était en tête. On eut à essuyer, dès le commencement de ce trajet, plusieurs bordées de l'escadre anglaise; mais ce fut au moment de doubler le cap Grinez que le plus grand danger commença. Ici l'éloignement des batteries de terre et la profondeur de l'eau permettaient aux bâtiments ennemis d'approcher, et la forme du cap, que chaque chaloupe était obligée de doubler à son tour, l'exposait au feu croisé de tous les bâtiments ennemis. Ceux-ci tirèrent à boulet et à mitraille, et, après chaque bordée, on entendait les hourras de leurs équipages, qui s'encourageaient à écraser leur faible ennemi. Mais les chaloupes offraient peu de surface aux boulets anglais, tandis que les gros canons dont elles étaient armées portaient, presqu'à chaque coup, sur les colosses qui leur étaient opposés. Trois chaloupes, cependant, s'échouèrent; ce fut le seul accident que la flottille éprouva, et encore furent-elles remises à flot le lendemain. Le reste parvint à doubler le cap, et arriva, le soir, devant le port d'Ambleteuse, où l'Amiral eut un nouveau combat de deux heures à soutenir pour en forcer l'entrée. Une division de la flottille de Boulogne, sortie pour venir à son aide, fit une diversion dont il profita pour entrer dans le port. Le combat du cap Grinez coûta à la flottille batave seize hommes tués et soixante-dix blessés. On sut que les Anglais avaient débarqué deux cent soixante blessés à Douvres. Ceux-ci avaient disposé d'une artillerie quatre fois plus nombreuse que celle de l'Amiral, et n'avaient pu cependant l'empêcher d'arriver à sa destination. Le maréchal Davoust, dans le rapport qu'il fit à l'Empereur de ce dont il avait été témoin, donna les plus grands éloges au *courage et à l'habileté que l'Amiral avait déployés.*

L'arrivée de la flottille batave à Ambleteuse avait terminé le mouvement de concentration des forces navales destinées à opérer le transport des troupes en Angleterre, et il ne restait plus qu'à donner le signal du départ. Ce signal était attendu avec un mélange de confiance et d'anxiété, quand un nuage parut tout à coup d'un autre côté de l'horizon, qui annonça que l'orage prêt à fondre sur l'Angleterre allait se détourner sur l'Allemagne et menacer les rives du Danube et du Rhin.

Dans les deux années pendant lesquelles Napoléon s'était occupé des préparatifs de la descente en Angleterre, il n'avait pas laissé de poursuivre son agrandissement au dedans et au dehors. De Consul à vie il était devenu Empereur héréditaire, et avait acquis une autorité aussi absolue que celle des plus anciens souverains. Cet affermissement de son pouvoir en France, loin de déplaire aux Cours étrangères, avait été vu par elles avec satisfac-

tion, parce qu'il était propre à prévenir des révolutions nouvelles dont elles avaient à craindre
le contre-coup. Mais il n'en était pas de même
de ses entreprises sur l'indépendance des États
voisins. Le Piémont, réuni par Napoléon à la
France depuis ses derniers traités avec l'Autriche et la Russie, la couronne d'Italie mise sur sa
tête, ses troupes continuant d'occuper la Hollande,
le duc d'Enghien enlevé sur le territoire allemand,
tont cela annonçait de la part du chef du Gouvernement français un esprit de conquête et d'enva-
hissement dont s'alarmèrent les cours de Vienne
et de Saint-Pétersbourg. Elles firent des représen-
tations qui ne furent point écoutées. L'Angleterre
fomenta leur mécontentement, et les trois Cabinets formèrent, contre la France, une coalition
nouvelle dont le premier acte fut l'invasion de la
Bavière par les Autrichiens.

Napoléon, à cette nouvelle, donna ordre de le-
ver immédiatement le camp de Boulogne, et d'en
diriger les troupes sur le Rhin ; il partit pour se
mettre à leur tête, et commença cette célèbre campagne de trois mois, qui se termina par la victoire
d'Austerlitz sur les armées russes et autrichiennes,
par la paix signée à Presbourg avec l'Autriche
(26 décembre 1805), et par la retraite des Russes
sur leur territoire.

Un triomphe aussi éclatant permettait à Napoléon de reprendre ses projets contre l'Angleterre.
Il ne poursuivit pas cependant celui d'une descente
sur son territoire, soit qu'il en eût reconnu les
trop grandes difficultés, soit que l'attitude hostile

de la Russie ne lui laissât pas une sécurité suffisante pour la paix du continent; ce fut en bannissant le commerce anglais de tous les ports de l'Europe qu'il espéra venir à bout de l'Angleterre, et la contraindre de lui demander la paix. Il lui fallait, pour cela, avoir partout des Gouvernements dévoués à ses desseins. Son attention se porta sur la Hollande. La situation de ce pays en faisait l'entrepôt naturel des marchandises anglaises pour le nord de l'Allemagne, et bien que la république batave fût en guerre avec l'Angleterre, les produits manufacturés de celle-ci continuaient d'y pénétrer, soit par les neutres, soit par la contrebande. On ne pouvait espérer qu'un Gouvernement composé de Hollandais consentît jamais à renoncer à tout commerce. Napoléon, pour assurer l'exécution de son système, conçut le projet d'ériger la Hollande en Royaume, et de placer un de ses frères sur le trône de ce pays. Son choix se porta sur le prince Louis, dont le caractère froid et réservé avait quelque analogie avec celui des Hollandais. Pour préparer l'exécution de ce plan, il commença par envoyer le Prince, en sa qualité de connétable de France, inspecter les troupes françaises en Hollande, et visiter les travaux ordonnés pour mettre ses côtes à l'abri d'un débarquement de l'ennemi.

Le prince Louis fut reçu par les Hollandais avec tous les honneurs dus au frère de Napoléon. Les personnes instruites des vues de celui-ci, et chargées de les seconder, insinuèrent qu'il vaudrait mieux, pour la Hollande, avoir un frère de Napoléon pour Roi, que de rester exposée aux orages d'un Gouvernement électif, et à la faiblesse qui en était le résultat. « La Hollande, dirent-elles, n'avait adopté sa forme de Gouvernement républicain que par imitation de la France, et pour se mettre en harmonie avec elle; le même motif devait la déterminer aujourd'hui à suivre son exemple, en adoptant un Gouvernement plus concentré. Il n'y avait de salut pour la Hollande que dans une intime union avec la France; et quoi de plus propre à lui assurer cet avantage, que d'être gouvernée par un Prince de la même famille. D'autres pays l'avaient senti avant elle, et lui avaient donné un exemple qu'elle devait suivre. Le Roi Joseph Napoléon régnait à Naples, le Prince Murat dans le grand-duché de Berg. Il était temps que la Hollande songeât à entrer aussi dans la grande confédération des peuples placés sous le sceptre du nouveau Charlemagne; c'était le seul moyen de modérer les exigences de celui-ci, et de s'assurer auprès de lui une protection dont on avait besoin. Le Prince Louis, par son caractère, était l'homme qui convenait le mieux aux Hollandais, et qui paraissait le plus digne de leur choix. »

Quand les esprits furent suffisamment préparés pour ce changement, on invita les Pouvoirs de l'État à en délibérer, et ici reparaît l'amiral Ver Huell, qui fut appelé à prendre part à cette délibération. L'Amiral, après la dissolution du camp de Boulogne, était retourné en Hollande, et avait pris possession du ministère de la marine, auquel il était nommé depuis longtemps. Il fut convoqué

avec ses collègues par le Grand-Pensionnaire (1)
pour délibérer sur la proposition d'adopter une
constitution monarchique, et de demander le
Prince Louis Napoléon pour Roi. Son avis, comme
celui des autres Ministres, fut favorable à ce projet.
Il se détermina surtout par la pensée que la Hollande trouverait dans le Prince Louis un protec-
teur bienveillant de ses intérêts contre les rigueurs
du système prohibitif auquel son commerce allait
être soumis, et l'avenir devait montrer que son
attente n'était pas sans fondement. Le Grand-Pensionnaire s'associa à cette opinion, et leurs hautes
puissances (c'est ainsi qu'on appelait l'assemblée
des États), après en avoir délibéré à leur tour,
adoptèrent une résolution portant que la Hollande
serait érigée en royaume, et que le trône serait
offert au Prince Louis Napoléon pour être occupé
héréditairement par sa famille.

Pour assurer l'exécution de cette délibération,
une ambassade extraordinaire, composée de plusieurs grands fonctionnaires, fut envoyée à Paris,
l'amiral Ver Huell était à sa tête. Elle s'aboucha,
en arrivant, avec le Prince de Talleyrand, Ministre des affaires étrangères de Napoléon, et con-
clut avec lui un traité qui régla la nouvelle consti-

---

(1) Un Grand-Pensionnaire électif avait été substitué, par
l'influence de Napoléon, au Gouvernement collectif de la république batave, comme transition à la forme monarchique.
Schimmel-Penninck était revêtu de ce titre, qui fut longtemps,
comme on sait, celui du premier magistrat de la province de
Hollande.

tution de la Hollande et la Liste civile du nouveau Roi ; après quoi le prince de Talleyrand prit les ordres de Napoléon pour la réception, en audience solennelle, des ambassadeurs hollandais. Le 5 juin 1806, Napoléon étant sur son trône, au palais des Tuileries, entouré de toute sa Cour, et ayant auprès de lui le Prince Louis Napoléon, l'ambassade fut introduite. L'amiral Ver Huell, au nom de ses collègues, annonça que les représentants de la nation hollandaise avaient résolu d'ériger la Hollande en royaume, et d'offrir le trône au Prince Louis Napoléon. Il demanda le consentement de l'Empereur. Celui-ci répondit que l'intérêt de la France, aussi bien que celui de la Hollande, lui prescrivait d'adhérer au vœu des Hollandais ; que la Hollande couvrait sa frontière du nord, et qu'il avait besoin que le Gouvernement de ce pays fût toujours dans des mains sûres. S'adressant ensuite au Prince Louis : « Je vous proclame, dit-il, Roi de Hollande ; protégez les lois, la liberté et la religion de vos sujets ; mais n'oubliez jamais que vous êtes Français. La dignité de connétable de l'Empire que vous conserverez, et qui passera à vos successeurs, vous rappellera, et à eux aussi, les devoirs que vous avez à remplir envers le grand Empire dont vous faites partie. » Le Prince Louis s'avançant alors au pied du trône, déclara accepter, par obéissance aux volontés de son frère, une couronne qu'il n'avait point désirée. « Il s'efforcerait, dit-il, de faire le bonheur d'un peuple dont il avait eu occasion d'apprécier les excellentes qualités. »

Le Roi Louis, quand il fut arrivé en Hollande, donna à l'amiral Ver Huell des marques de la haute considération qu'il avait pour lui ; il l'éleva à la dignité de Maréchal, et lui conféra la grand'croix de l'ordre de l'Union qu'il venait de créer (1), il le nomma enfin son ambassadeur à Paris.

Les années 1806 et 1807 furent remplies par les événements de la guerre de Prusse et de Russie, et l'année 1808 par le commencement de celle d'Espagne qui devait nous être si funeste. La Hollande fournit dans toutes ces guerres son contingent de soldats, mais l'Amiral, retenu à Paris par son poste d'ambassadeur, n'y prit aucune part. L'année 1809 le tira de ce repos. Les Anglais, profitant de ce que l'Empereur était retenu en Allemagne, par une nouvelle guerre avec l'Autriche (celle de Wagram), opérèrent un débarquement à Flessingue, et menacèrent Anvers et la Hollande. L'Amiral, rappelé en toute hâte de Paris, fut chargé, par le Roi de Hollande, du commandement de la flotte et des mesures à prendre pour assurer la défense des côtes contre l'ennemi. Il s'acquitta de cette mission avec un zèle et un succès qui lui valurent les plus grands éloges ; le Roi lui conféra, en témoignage de sa satisfaction, le titre de comte de Sevenaer.

Mais la Hollande n'était pas au bout des chan-

----

(1) L'Amiral avait été décoré, quelque temps auparavant, du grand cordon de la Légion-d'honneur par Napoléon, à l'occasion de l'ambassade extraordinaire dont il fut le président.

gements qu'elle devait subir. Le Roi Louis n'avait point désiré, comme on l'a vu, le trône sur lequel il était assis. Son seul dédommagement, dans cette position, contraire à ses goûts, eût été de faire le bonheur des Hollandais. Mais les exigences de Napoléon, soit pour les levées d'hommes et d'argent, soit pour les mesures prohibitives du commerce anglais, ne lui en laissaient pas le moyen. Il lutta quatre années contre ces mesures, et quand il vit l'inutilité de ses efforts, plutôt que d'être plus longtemps l'instrument d'un système destructif du commerce hollandais, et de porter le poids de l'impopularité qui en était le résultat, son esprit s'arrêta à une résolution extraordinaire, celle d'abandonner le trône où on l'avait placé. Il partit seul avec un aide de camp, laissant, pour la forme, une abdication en faveur de son fils, jeune enfant hors d'état de régner, traversa toute l'Allemagne, et ne s'arrêta qu'au fond de la Styrie, quand il pensa être assez loin de Napoléon pour que celui-ci ne pût pas l'atteindre, et le ramener sur le trône dont il s'était échappé (juillet 1810).

La nouvelle inattendue de cet événement causa à Napoléon autant de surprise que d'embarras : son frère, s'évadant du trône où il l'avait placé, comme d'une prison, le montrait à l'Europe abandonné par sa propre famille, et produisait contre lui une fâcheuse impression. Que faire d'ailleurs, à l'égard de la Hollande? La laisser aux mains d'un enfant, et sous le gouvernement d'une régence, lui parut chose impossible dans les circonstances

graves au milieu desquelles on se trouvait placé ;
la situation des affaires en Espagne, la guerre toujours active contre l'Angleterre, les dispositions
douteuses des Cabinets du continent, exigeaient
que la Hollande eût à sa tête un pouvoir capable
de la défendre contre les attaques auxquelles elle
était exposée. Il ne vit d'autre parti à prendre que
de se charger lui-même du Gouvernement de ce
pays, et de le réunir à l'Empire français.

En conséquence, son Ministre des affaires é'ran-
gères (Champagny) lui fit, par son ordre, un rapport sur la situation de la Hollande, et dans ce
rapport, écho de ses propres pensées, il lui dit
que le Roi de Hollande avait abdiqué en faveur de
son fils, mais que cette abdication ne pouvait avoir
de valeur que par son consentement. « C'était de
lui, ou, du moins, de son adhésion que le Prince
tenait la couronne, c'était à lui qu'il devait la rendre. L'Empereur en pouvait donc disposer en faveur d'un autre ; mais l'expérience avait montré
que la Hollande, depuis la réunion de la Belgique
à la France, ne pouvait plus former un Etat indé-
pendant, soit parce qu'Anvers, libre de commer-
cer avec la France sans rencontrer un cordon de
douanes, tuait Amsterdam, soit parce que la frontière de la France, menacée du côté de la Hollande, avait besoin d'être couverte par la possession de celle-ci. La France, d'ailleurs, maîtresse du
cours supérieur de la Meuse, de l'Escaut et du
Rhin, et n'en possédant point les embouchures, qui
étaient en Hollande, se trouvait, pour son commerce, dans la dépendance de celle-ci. Elle pouvait,

avec cette dépendance, former un royaume, mais ne méritait pas le nom d'empire. Anvers, enfin , devenue un port militaire admirable, contenait déjà vingt vaisseaux de ligne en construction , et en contiendrait bientôt quarante. Il fallait que d'Anvers et du Texel sortît bientôt une flotte formidable qui menacerait la Tamise , et forcerait l'Angleterre à la paix. De tels intérêts ne pouvaient être laissés à la discrétion d'une régence et d'un enfant, et la réunion de la Hollande à la France était le seul moyen d'assurer la sécurité et l'avenir des deux pays.» Napoléon , après avoir revêtu ce rapport de son approbation , rendit un décret qui réunit la Hollande à l'Empire français. Amsterdam fut déclarée, après Paris et Rome, la troisième ville de l'Empire. Un article du décret porta qu'une commission de quinze membres , choisis par le corps législatif de la Hollande , se réunirait à Paris pour régler la division de ce pays en départements, et délibérer sur les autres mesures exigées par sa situation nouvelle (décret du 9 juillet 1810).

Cette commission fut en effet nommée , l'amiral Ver Huell , élu le premier, la présida. Le travail auquel elle se livra, à Paris, reçut la sanction de l'Empereur ; un gouverneur-général (l'Archi-trésorier Lebrun), homme grave et bienveillant, fut chargé de diriger l'administration de la Hollande. Ce pays jouit , sous ses auspices, du degré de calme et de bien-être que comportait la difficulté des temps. L'Amiral, devenu Français , fut chargé du commandement de la flotte du Texel , et nommé, quelque temps après, inspecteur-général des côtes de la mer du Nord, ce qui l'élevait au rang des grands-officiers de l'Empire.

Mais plus la puissance de Napoléon s'étendait par ces réunions de territoire, plus il s'enivrait d'une confiance dangereuse dans ses forces, et devenait exigeant envers les autres États. Il crut pouvoir contraindre la Russie d'adopter les mêmes mesures contre le commerce anglais qu'il avait obtenues de la Hollande ; la Russie résista, et alors commença cette guerre funeste de 1812 qui fut accompagnée de tant de désastres. Napoléon revenu de Moskou sans armée, en forma une autre et tenta de relever sa fortune en 1813 dans la campagne de Dresde ; mais la victoire ne revint plus que passagèrement sous ses drapeaux ; Leipsik fut témoin d'un nouveau désastre. Une réaction terrible se déclara contre la domination française dans tous les États de l'Allemagne qui en avaient porté le poids. La Hollande aussi se souleva : elle expulsa les autorités françaises, établit à leur place un Gouvernement provisoire, et demanda aux Souverains alliés de lui rendre sa nationalité, et le Gouvernement des Nassau.

L'Amiral, quand ce soulèvement eut lieu, était dans le Zuyderzée à la tête de la flotte hollandaise à laquelle étaient mêlés quelques bâtiments français. Il se hâta de la faire entrer dans le port de New-Diep, voisin du Helder, congédia tous les équipages hollandais qu'il sentait ne pouvoir retenir dans l'obéissance, ne garda que les Français, au nombre de sept à huit cents, qui montaient les frégates la *Meuse* et l'*Issel* et le brick le *Génie*, et s'enferma avec eux dans le fort Lassalle qui dominait le port (1). Il occupa aussi le fort Morland qui commande l'entrée du Zuyderzée, sur la mer du Nord, et résolut d'attendre les événements.

Cependant l'insurrection grossit de jour en jour, un grand nombre de fonctionnaires français, obligés de prendre la fuite, se réfugièrent auprès de l'Amiral. Il se vit bientôt bloqué par des troupes hollandaises et prussiennes, et privé de toute communication au dehors. Le drapeau orange, qui était celui des Nassau, flotta sur les tours du Helder, en face du drapeau tricolore qu'il maintenait sur les forts. On le somma de se rendre; il répondit qu'il ne remettrait la flotte et les forts qu'au Gouvernement qui les lui avait confiés, et demeurerait fidèle, jusqu'au bout, au drapeau qui avait reçu son serment. Ni le manque de subsistances qui se faisait sentir dans sa faible garnison, ni la rigueur de l'hiver qui ajoutait aux souffrances de celle-ci, ni la douloureuse perspective d'avoir à combattre ses compatriotes, ne purent ébranler sa résolution. Il soutint avec courage et fermeté une de ces situations cruelles qui naissent des révolutions, où l'homme le mieux intentionné n'est pas toujours assuré de bien discerner son devoir, et risque d'être jugé et condamné d'après les événements.

---

(1) Parmi les Français qui s'enfermèrent dans le fort Lassalle, avec l'Amiral, était le capitaine Vaillant, alors simple aspirant, aujourd'hui l'un des officiers supérieurs les plus anciens et les plus distingués de notre marine, et connu par son voyage autour du monde.

Tandis que l'Amiral était dans cette situation difficile, séparé de toute communication avec la France, et ignorant ce qui s'y passait, les événements marchaient. Napoléon, après sa dernière et glorieuse campagne de 1814, sous les murs de Paris, succombait, sous le grand nombre de ses ennemis, et était contraint d'abdiquer. Le retour des Bourbons en était la suite ; le comte d'Artois, arrivé le premier, prit les rênes du Gouvernement comme lieutenant-général du Royaume. Il adressa à l'amiral Ver Huell l'ordre de remettre la flotte et les forts au nouveau Gouvernement Hollandais (1). L'Amiral, après avoir exécuté cet ordre, s'embarqua sur le brick le *Génie,* avec les Français dont le sort lui avait été confié, aborda au Havre, et vint de là à Paris pour rendre compte de l'accomplissement de sa mission.

Louis XVIII, alors arrivé dans la capitale, fit à l'amiral Ver Huell l'accueil dû à la fidélité qu'il avait gardée à la France, dans un temps où tant d'autres l'avaient trahie et abandonnée. Il lui offrit de rester, avec son grade, au service du pays dont il avait mérité l'estime et l'affection. Des invitations lui parvinrent également, de la part du nouveau Gouvernement hollandais, de venir reprendre, en Hollande, la position et le grade qui lui appartenaient. L'Amiral opta pour la France, soit préférence pour un climat plus doux que sa santé réclamait, soit crainte d'entendre parler, en Hol-

______

(1) Avril 1814.

lande, de Napoléon, de la France et des Français, dans des termes trop contraires à ses sentiments , et de se voir imputer à blâme une conduite et des services dont il s'honorait.

Comme il avait cessé, par la séparation de la Hollande et de la France, de posséder légalement la qualité de Français, un projet de loi fut présenté aux Chambres pour lui accorder des lettres de grande naturalisation , en même temps qu'à Masséna , à Corvetto et à d'autres illustres étrangers, qui, après avoir servi, comme lui, la France au temps de sa prospérité et de sa gloire, n'avaient pas voulu se séparer d'elle après ses malheurs.

L'Amiral pensait, après la tempête qu'il venait d'essuyer, et qui l'avait jeté sur le rivage de la France, être entré dans le port, et pouvoir jouir d'un repos chèrement acheté. Mais un événement survint qui faillit l'enlever à sa retraite et le lancer de nouveau sur une mer orageuse. Napoléon, sortant tout à coup de son exil de l'île d'Elbe, débarqua à Cannes avec une poignée d'hommes, traversa toute la France au milieu des acclamations populaires, arriva à Paris, et remonta sur son trône, d'où les Souverains alliés l'avaient précipité un an auparavant. Ceux-ci étaient encore en armes et n'avaient pas dissous leurs bataillons ; Napoléon , avec une armée dévouée, tenta encore une fois contre eux la chance des batailles ; mais il ne put retrouver, malgré son génie et la bravoure de ses troupes, la faveur du sort, qui l'avait abandonné. Waterloo lui fit perdre le fruit de son audacieuse entreprise ; il lui fallut abdiquer une seconde fois, sans savoir, maintenant, dans quel coin du monde il lui serait permis de reposer sa tête ; sa pensée se porta sur les États-Unis d'Amérique, ouverts à tous les exilés, où il aurait été heureux de jouir des bienfaits de la liberté. Le Gouvernement provisoire, institué après son abdication, mit à sa disposition deux frégates, dans le port de Rochefort, pour l'y transporter. Il paraît qu'il demanda que le commandement de ces frégates fût confié à l'amiral Ver Huell, et qu'on le lui promit ; mais, arrivé à Rochefort, il ne trouva pas l'Amiral, à qui on avait laissé ignorer la demande qu'il avait faite de lui, et, désespérant de passer au travers de la croisière anglaise, il crut avoir plus à attendre de la générosité britannique en se remettant librement à elle de son sort. On vit le puissant Souverain qui était sur le point, naguère, de faire une descente en Angleterre, avec cent mille hommes, pour la conquérir, réduit à la nécessité de se rendre, dans un canot, à bord d'une frégate de cette nation, pour demander une hospitalité qui devait lui être refusée. Chacun sait quelles furent les suites de sa confiance, et comment il fut relégué sur un rocher situé à l'extrémité du monde, au milieu de l'Océan. Napoléon, dans ses conversations de Sainte-Hélène, revenant, comme il arrive aux malheureux, sur les circonstances qui avaient accompagné son infortune, et sur les moyens qui auraient pu la lui faire éviter, regrettait, surtout, qu'on ne lui eût pas donné, pour le conduire en Amérique, l'homme de son choix. « Si cette mission, disait-il, eût été confiée à l'amiral

Ver Huell, ainsi qu'on le lui avait promis, lors de son départ de Paris, il est probable qu'il eût passé (1). » Quel plus beau témoignage de l'opinion qu'avait Napoléon de l'habileté, du courage et du dévouement de l'Amiral! et à combien peu il a tenu, peut-être, que Napoléon soit arrivé sur la terre libre d'Amérique! L'histoire n'aurait pas à reprocher aux Souverains alliés d'avoir infligé un emprisonnement cruel à celui qu'ils avaient traité, si longtemps, de frère, et à qui ils s'étaient unis par les liens du sang, et la France n'aurait pas subi l'humiliation de voir l'homme qui avait été quinze ans son Souverain, et qui avait répandu sur elle tant de gloire, prisonnier de ses ennemis et condamné à périr dans les tortures de l'exil.

L'Amiral, depuis ces tristes événements, vécut à Paris dans la retraite, sans aucune participation aux affaires publiques, jusqu'au moment où le Ministère de 1819, voulant modifier l'esprit de la Chambre des Pairs, et y créer une majorité favorable aux institutions nouvelles, rechercha, parmi les hommes qui s'étaient fait un nom sous les Gouvernements de la révolution et de l'Empire, ceux que leurs principes politiques, joints à une réputation honorable, désignaient au choix de la Couronne. Le nom de l'amiral Ver Huell se présenta un des premiers. Les services qu'il avait rendus, son dévouement à la France, les sentiments libéraux dont il avait constamment fait preuve, le rendaient

---

(1) *Mémorial de Sainte-Hélène*, tome 1er, p. 56.

particulièrement digne de cet honneur. Il fut élevé, avec un certain nombre d'hommes éminents, à la Pairie. Toujours esclave du devoir, il assista à nos délibérations avec une religieuse exactitude, aussi longtemps que son âge et ses infirmités le lui permirent. Vous n'avez pas oublié cette belle physionomie si calme et si sereine, sur laquelle se peignait tant de bienveillance et de douceur. Le peu d'habitude qu'il avait de notre langue lui a rarement permis de prendre la parole dans nos débats; mais chaque fois qu'il a eu à émettre un vote, soit dans la discussion des lois, soit dans les procès judiciaires, il a justifié l'opinion qu'on s'était faite de sa sagesse et de sa modération.

Si je n'avais à parler que de la vie politique et militaire de l'Amiral, je pourrais regarder ma tâche comme terminée, mais je serais désavoué par ses amis, et justement accusé d'avoir fait de lui une peinture incomplète, si je passais sous silence ce qui a fait le principal intérêt de ses dernières années, je veux dire le zèle avec lequel il s'est occupé de diverses institutions religieuses, et le concours qu'il leur a prêté.

Plusieurs circonstances contribuèrent à déterminer cette direction de son esprit. Né dans la religion protestante, qui était celle de son pays, il avait reçu une éducation pieuse. La vie de marin, dans laquelle il fut jeté presqu'au sortir de l'enfance, loin de détruire cette première impression, la fortifia. Il y a dans le spectacle du vaste Océan et des tempêtes qui soulèvent ses flots, quelque chose qui inspire des pensées religieuses aux plus gros-

siers matelots, et qui les dispose à élever leurs
mains vers le ciel. L'âme plus cultivée de l'Amiral
n'y pouvait être insensible. Il reçut également
une profonde impression des combats sanglants
auxquels il assista sur cet élément redoutable, et
de la protection qui préserva ses jours. Resté presque seul, debout, à Doggers-Banck, au milieu des
morts et des mourants, il fut touché d'une vive
reconnaissance envers la Providence, qui semblait
l'avoir couvert de son bouclier; et toute sa vie il
célébra, par des actions de grâces, dans son culte
domestique, l'anniversaire de ce jour de gloire et
de périls. Quand, vingt ans plus tard, il parvint
à doubler le cap Grinez avec ses frêles embarcations, sous le feu d'une escadre anglaise qui semblait devoir l'anéantir, reçu avec acclamations sur
le rivage, par l'armée de Boulogne, qui le combla
d'éloges et de félicitations, il lui tardait de se dé-
rober à cette ovation pour aller rendre grâces, dans
le secret de son cabinet, à celui à qui il attribuait
le succès de sa périlleuse entreprise. Ses rapports à
l'Empereur sur les combats qu'il eut à soutenir,
expriment plus d'une fois cette gratitude envers
la Providence, dont l'expression se rencontre rarement dans les documents militaires du temps.

Mais rien n'agit aussi profondément sur lui
que l'épreuve cruelle à laquelle il fut condamné
comme père, car, pour produire de telles impres-
sions, le malheur est plus puissant encore que le
succès. De trois fils qui avaient composé sa famille,
deux étaient morts, de bonne heure, en Hollande;
le troisième l'avait suivi en France, et, parvenu

à l'âge de près de trente ans, était devenu son ami, le compagnon de sa solitude et l'appui de sa vieillesse. Il lui fut enlevé également après une longue et douloureuse maladie. Un tel coup tombant dans une âme fermée aux consolations religieuses, l'aurait précipitée dans un sombre désespoir : il brisa celle de l'Amiral sans la décourager. Ce malheureux père se jeta dans les bras du Dieu qui l'avait frappé. Dieu seul put remplir le vide affreux qui s'était fait dans son cœur. S'occuper de lui fut son unique consolation.

Membre de l'église réformée de Paris, il concourut à son administration, et fit partie des diverses sociétés religieuses ou de bienfaisance qui existent dans son sein.

L'une d'elles a pour but de répandre les livres saints, concurremment avec une société semblable dont le siége est à Londres. L'Amiral assista à l'une des assemblées annuelles tenues par celle-ci, et s'y rencontra avec les amiraux anglais qu'il avait autrefois combattus. On se tendit cordialement la main, sur ce terrain de paix et d'union.

Mais l'institution dont il s'occupa le plus, celle aux travaux de laquelle il présida constamment, fut la société protestante des missions chez les peuples non chrétiens. Cette société, fondée il y a un peu plus de vingt ans, a établi à Paris une maison où sont instruits, sous la direction d'un pasteur, les jeunes gens qui se destinent à cette pénible carrière. Elle a choisi pour lieu principal de ses évangélisations, les contrées situées au nord du cap de Bonne-Espérance, entre le pays des Caffres et celui des Hottentots, contrées habitées par des peuples barbares qui ne connaissent d'autre dieu que leurs idoles, et d'autres lois que le meurtre et le pillage. Une vingtaine de missionnaires, la plupart mariés, sont déjà établis au milieu de ces tribus nomades, et en ont amené un certain nombre à embrasser la religion chrétienne, et à adopter nos mœurs et notre civilisation. Ils ont bâti des églises et fondé des écoles. Tandis qu'ils dirigent les écoles des garçons, leurs femmes dirigent celles des filles, et leurs enfants se mêlent à ceux des indigènes, en sorte que ces familles chrétiennes, implantées au milieu d'une population idolâtre, agissent sur celle-ci par tous les points à la fois.

La conversion des indigènes, but principal des missionnaires, n'est pas le seul qui les occupe. Ils s'appliquent à étudier et à faire connaître les pays qu'ils habitent, dans lesquels aucun Européen n'avait encore pénétré. L'un d'eux a publié un ouvrage curieux sur la langue des indigènes, jusqu'alors inconnue; et un autre, un voyage d'exploration, accompagné de cartes et de dessins, qui n'a pas moins fixé l'attention des savants.

Ainsi, tandis que notre armée d'Afrique s'efforce d'introduire la civilisation européenne par le nord, dans ce vaste et mystérieux continent, quelques Français obscurs et ignorés travaillent à la faire pénétrer par le sud, avec le seul secours de l'Evangile et du temps. Quelque opinion qu'on se fasse de la faiblesse de leurs moyens, comparés à la difficulté de l'entreprise, quelque croyance qu'on professe, on ne pourra s'empêcher de respecter et d'admirer le dévouement de ces hommes qui, ne voyant que la grandeur du but, sans tenir compte des obstacles, le poursuivent à travers tant de périls ; qui, au lieu de s'associer, en Europe, à l'élan général vers les jouissances de la vie, s'exilent à deux mille lieues de leur patrie, et s'enfoncent, avec leurs familles, dans des déserts affreux, dans le seul espoir de répandre, parmi des peuples inconnus et barbares, les bienfaits de la religion et de la paix.

L'Amiral s'occupait, avec un soin tout paternel, de l'instruction des missionnaires, de leur départ et de leur embarquement. Il veillait à ce qu'ils fussent munis de toutes les choses nécessaires pour leur traversée et pour leur établissement. Quand il les savait arrivés au Cap, il suivait, sur la carte, leurs voyages vers les stations entre lesquelles ils étaient distribués ; cette occupation le reportait vers ses études de navigateur et de marin.

Des soins d'une nature aussi sérieuse n'empêchaient point qu'il ne conservât une aménité de mœurs, une gaieté même, qui donnaient un charme particulier à son commerce, et faisaient aimer la religion dans laquelle il puisait tant de sérénité. Naturellement méditatif, il se plaisait dans la solitude, et cependant, quand ses amis allaient le visiter, ils étaient assurés d'exciter sa reconnaissance et recevaient de lui l'accueil le plus empressé et le plus cordial. Ses manières, à la fois dignes et polies, offraient un mélange de la gravité hollandaise et de la courtoisie de notre nation.

Sa vie se partageait entre le séjour de Paris et celui de la campagne. Logé à Paris auprès du jardin du Luxembourg , il y faisait chaque jour une promenade suivi d'un domestique pour soutenir ses pas. Il habitait, l'été, sa petite campagne de Triel, située à quelques lieues de Paris , où les moindres productions de son jardin , une feuille , une fleur, excitaient en lui des élans d'admiration. Les jeunes élèves de la maison des Missions allaient l'y visiter pendant leurs vacances , et chercher auprès de lui des encouragements et des conseils.

L'âge n'avait point émoussé le vif intérêt qu'il prit toujours aux affaires publiques; il se faisait lire chaque matin les journaux, et son cœur s'échauffait, comme au temps de sa jeunesse , au récit de tout ce qui pouvait accroître le progrès de la liberté civile et religieuse dans le monde, et le bonheur de l'humanité.

On lui lisait, peu de jours avant sa mort, les volumes publiés de l'histoire du Consulat et de l'Empire qui lui retraçaient toute l'époque du Consulat, la plus heureuse de la vie de Napoléon : il y trouvait rapportés les événements de sa propre vie; le combat du cap Grinez et les autres opérations de la flottille batave qu'il avait commandée ; et témoignait sa satisfaction de la vérité et du talent avec lesquels ces événements y sont racontés (1).

Mais les lectures qu'il goûtait le plus, et qu'il

____

(1) *Histoire du Consulat et de l'Empire*, par M. Thiers, t. IV, p. 495 et 496; t. V, p. 170, 171, 172, 193, 412, 413.

préférait à toute autre, étaient celles de ses livres
de piété. Il commençait et finissait par là ses jour-
nées. L'un des élèves de la maison des Missions
venait quelquefois lui faire la lecture accoutumée
pour son culte du soir.

C'est au milieu de cette vie occupée et régulière
que l'heure suprême de l'Amiral est arrivée. Elle
ne l'a pas trouvé dans l'isolement; il s'était donné,
vers le déclin de sa vie, un fils adoptif, et l'avait
marié auprès de lui. Les soins de la piété filiale ont
ainsi entouré ses derniers moments (1). Il avait
également, auprès de son lit de mort, le direc-
teur de la maison des Missions, son pasteur et son
ami; mais celui-ci a eu peu à faire pour lui adou-
cir ce passage. Personne n'y fut jamais mieux pré-
paré. Il disait, peu d'instants avant sa fin, dans
le langage de l'Écriture qui lui était familier :
« *Christ est ma vie, et la mort m'est un gain.* »

Ainsi s'est éteint, à l'âge de 81 ans, l'un des
membres les plus distingués de cette Chambre, l'un
de ceux qui l'honoraient le plus par l'élévation de
son caractère, et par les services qu'il avait rendus
au pays (2).

Qu'on me permette, en finissant, de faire un
rapprochement qui est tout à l'honneur de notre
temps. Il fut une époque où les protestants fran-

---

(1) Le nom de l'Amiral se continue aussi, en Hollande, dans
son neveu, le colonel Maurice Ver Huell, qui se distingua
auprès de lui sur la flottille batave, et qui est aujourd'hui di-
recteur de la marine à Roterdam.

(2) L'Amiral est décédé le 25 octobre 1845.

çais avaient un autre Amiral à leur tête. Celui-ci, après avoir glorieusement défendu son pays contre les Espagnols, dans les plaines de la Picardie et du Piémont, fut réduit à la triste nécessité de s'armer, avec ses coréligionnaires, pour défendre sa liberté de conscience contre le fanatisme du temps; sa vie se passa dans d'affreuses guerres civiles, et il finit par périr enveloppé dans une horrible boucherie, au milieu de Paris. L'amiral Ver Huell, plus heureux, n'a eu à combattre que contre l'étranger. Il a vu, en France, l'ère de la liberté religieuse succéder à celle des persécutions; nul n'a songé à lui demander compte de sa croyance, et il est mort, paisible et honoré, au sein d'un des grands Corps de l'État.

CRAPELET, IMPRIMEUR DE LA CHAMBRE DES PAIRS,
rue de Vaugirard, 9.

BIBLIOTHEQUE NATIONALE DE FRANCE

3 7502 00973494 0

www.ingramcontent.com/pod-product-compliance
Lightning Source LLC
Chambersburg PA
CBHW051730050726
47598CB00003B/1118